Made in the USA
Columbia, SC
17 November 2020

24765722R00083